Lázaro Francisco Acosta Ruiz

Humor con fronteras

Lázaro Francisco Acosta Ruiz

Humor con fronteras

Desde la poesía y sin perder la etiqueta

JustFiction Edition

Cover image: www.ingimage.com

Publisher:
JustFiction! Edition
is a trademark of
Dodo Books Indian Ocean Ltd., member of the OmniScriptum S.R.L Publishing group
str. A.Russo 15, of. 61, Chisinau-2068, Republic of Moldova Europe
Printed at: see last page
ISBN: 978-620-3-57841-6

Humor con fronteras

Desde la poesía y sin perder la etiqueta

Lázaro Francisco Acosta Ruiz

Poemario

La Habana
2021

Lázaro Francisco Acosta Ruiz

Humor con fronteras

Desde la poesía y sin perder la etiqueta

Tabla de contenido

PRÓLOGO SIN RIMA

Si de poesía con humor se trata, vale aclarar que estas palabras introductorias son como versos sin rima...

Debe conocer el lector que no está en presencia de un conjunto de poemas cómicos; ni pretendemos que se ría a carcajadas; ni mucho menos esperamos que se muera de la risa...

No deseamos que alguien salga dañado al leer la obra...

Pero sí es muy probable que más de un poema de los que integran este pequeño volumen, le saque una sonrisa; o le recuerde algún hecho simpático; o simplemente no entienda nada. En tal caso, es probable que Ud. sea "el último en reírse". Y eso será muy bueno porque como dice el viejo refrán "*El que ríe último, siempre ríe mejor...*"

Otro refrán parecido, pero tirando hacia lo tétrico, nos hace pensar en realidades de la vida no tan felices... Un grupo de amigos se retrata en una actividad social, y la foto se expone después en un lugar público con el siguiente rótulo: *"El último que quede, que se lleve la foto..."* La interpretación pudiera ser diversa, ya sea referida al "*ultimo socio*" o "*al último superviviente* del grupo," con resultado equivalente.

Sea de un modo o de otro, ***Humor con fronteras*** se propone dejar en claro que el humor está en muchos sucesos de la vida cotidiana, que hay que asumir con una respetuosa sonrisa, y en todo caso, con una carcajada interior, y siempre sin perder la etiqueta.

No por gusto somos el único animal de los que habitan en este planeta, que tiene conciencia de serlo...

Y si Ud. no se había percatado hasta ahora de esa realidad, tómelo con calma...

El autor

(1) Adan sin Eva en el paraiso

Quiero pensar que algún día
cuando los tiempos mejoren,
los días sí serán días,
las noches sí serán noches.
Y así, entre estrellas y planetas
formando constelaciones,
en medio de tal belleza
deja un cometa su huella
cual ramillete de flores.

Son cosas que me imagino
porque el mundo está empezando,
y Dios está ocupado,
trabajando, trabajando.
Y así, ya sea de día o de noche
paso mi vida aburrido,
mirando constelaciones
que tienen diversas formas,
y ya le podrán sus nombres.

En fin, así me paso las horas,
pensando siempre pensando,
que vengan tempos mejores,
que Dios se apiade y regrese,
y me busque compañía,
porque en este paraíso,
que ya no me está gustando,

hasta el báculo me estorba,

mejor lo transforma en hembra

y el mundo iremos poblando.

Frank Calle (8/abril/2019)

----

(2) *Metapoética desde cero*

¿Es posible hacer poesía dentro de la poesía? En poesía casi todo se puede, incluso con su humor acompañante.

Resulta que ahora escribo poemas.

No se rían... Esto es cosa seria.

La gente no entiende que todos somos poetas,

aunque no lo sepan.

Solo que, no necesariamente,

tiene que ser como tiene que ser.

¿Y cómo tiene que ser?

No existe un reglamento que lo diga,

No tiene que ser en verso, con bella rima.

No tiene que ser escrito, puede ser tu propia vida.

No tiene que ser soneto, a menos que te lo pidan.

No tienen que ser muy largos,

pero pueden ser muy cortos.

No tienen que tener sexo, eróticos le dirían.

No tienen que tener alma, pero tienen que tener vida.

No tienen que ser verdades, pero nunca son mentira.

¿Y el poeta, cómo tiene que ser?

No existe un reglamento que lo diga.

No tiene que escribir en verso.

No tiene que tener cara de poesía.

No tiene que ser un genio, ningún concurso ganaría.

No tiene que tener sexo, pero si lo tiene, que lo diga...

En fin, no tiene que ser poeta, ya lo será algún día.

Bien, está bien, de acuerdo, no se rían.

La poesía es cosa sería,

habla de la muerte y de la vida,

es música y es silencio,

es dolor y es alegría,

es realidad porque existe, pero siempre es fantasía,

siempre dice verdades, porque ya no lo serían,

y el sexo... ¡el sexo es todo en la vida!

Ah... en eso estamos de acuerdo, ¡quién lo diría!

Pero no se rían...

La poesía es cosa seria,

habla de la muerte y de la vida,

y hoy, señoras y señores,

¡quiero hacer una poesía!

Frank Calle (11 / mar / 2018)

----

(3) ## *Sonambulismo poético*

(Metapoesía que juega con el humor)

De pronto caigo en cuenta de que todos duermen.

¿Y yo qué hago?

Estoy despierto.

Estoy pensando,

Estoy escribiendo.

Tal vez esté creando.

Y sin embargo la vida continúa:

Milagrosamente el mundo sigue girando.

Los perros ladran y los ladrones corren.

Un gato cae desde el tejado y pierde

una de sus siete vidas.

Los mosquitos pican y las ranas se los comen.

Los insectos realizan su funeral de cada día...

¡Por Dios! Los ronquidos de la gente me rompen la poesía.

Silencio absoluto.

Ya nadie ronca, los mosquitos se han ido,

los perros ya no ladran, los ladrones están presos,

milagrosamente el mundo sigue girando.

¿Qué ha sucedido?

De pronto caigo en cuenta de que todos se han despertado. y se han ido.

¿Y yo qué hago?

No estoy pensando.

No estoy escribiendo.

Obviamente no estoy creando.

¡Por Dios! Me quedé dormido...

Frank Calle (19 / mar / 1969)

----

(4)

Poema con los brazos en alto

¡Alto las manos!

¡Que nadie se mueva!

¡Que nadie escriba nada!

Esto NO es un asalto

Esto es un ruego.

Esto es un acto de desesperación.

No más discursos rayados

No más promesas para sordomudos

No más brindis paladinos

No más cumbres borrascosas

No más artículos presidenciales

No más mentiras piadosas

No más verdades inaceptables

No más desaparecidos aparecidos

No más, no menos...

Pueden bajar las manos.

Gracias por la atención.

Frank Calle (9/ dic/ 2018)

----

(5)

Rimando la rima

Hasta la fecha en que se escribe este poema, nunca había recibido una crítica desfavorable a los poemas subidos a la red. La crítica se centraba en el hecho de que, hasta ese momento, generalmente evitaba las rimas forzadas, como si la razón fuese la falta de talento para lograrlo. Si bien me sentí agradecido de recibir un comentario que no fuese complaciente, como suele ocurrir, acepté el reto y al día siguiente respondí con este poema.

Hay que seguirle la rima a lo que la vida da.
La vida rima con vida, más yo prefiero no hacerlo,
prefiero romper la rima,
y seguir rimando vida con lo que la vida quiera
mientras más larga la vida, mientras más vida dé el verso,
si vida rima con vida, yo prefiero no hacerlo.

Seguir rimando la vida,
es seguir viviendo el tiempo,
si vida rima con vida,
si tiempo rima con tiempo,
yo prefiero la rima que nunca rima,
que llega, rima, y se va...

Así el verso nunca acaba, la historia nunca termina
porque la rima no rima y no se puede parar.

Y si sigo así rimando, la rima nunca termina,
y yo prefiero no hacerlo.
La gente se va cansando, el público ya se va,
mejor termino la rima y ya no sé cómo hacerlo,
la rima sigue su rima, yo quiero parar el verso
pongo la rima sin rima, quito la rima del verso,
aquí se acaba la rima, aquí se termina el verso...

Por fin ya vamos cerrando

la rima que siempre rima.

Si rima rima con rima

y todo rima con todo,

rima la rima con todo,

y todo terminará.

Frank Calle (9/ dic/ 2018)
(divertimento)
----

(6)

Rimando con Pimienta

Pequeño homenaje al repentista cubano ***Alexis Díaz Pimienta****.*

"Alexis Díaz-Pimienta es algo más que un poeta o un escritor: es un interminable torbellino de palabras que siempre terminan enlazadas, ideas y palabras que parecen surgir del almacén oculto de un viajero que, con la mirada más atenta, sabe guardar aromas y episodios de las partes del mundo." ***José Carlos Rosales, en IDEAL, 23 de agosto de 2002.***

Dado que el cuento ha gustado

y me están felicitando

vamos a seguir rimando

la rima con lo que rima.

Trato de hacer seguidilla

como la llama Pimienta

ese maestro cubano

del verso que no termina.

Es como un dominó

donde riman nueve fichas:

el siete rima con siete

el cuatro rima con cuatro

si ponen el seis me pego

si ponen el dos me paso.

Sigue rimando la ficha
rimando paso con paso
hasta la última ficha
el juego sigue rimando.

Y así rimando rima con rima
rimando ando con ando
le quito a rima la rima
cambiando la seguidilla
para poder ir parando.

Para la rima al parar
y el dominó ya no rima
Quitín que es buen rimador
ya puso todas las fichas.

Ya todos están frenando.
se quedan sin energía
más Pimienta no se cansa
es doctorado y maestro
del verso que no termina.

Él domina la materia
y ya los niños le siguen
esto es una maravilla
en todas partes su rima
deja a la gente rimando:
rima que rima que rima
ando que ando que ando
pero yo me estoy cansando
de estar en la seguidilla.

Frank Calle (dic/16/2018)

(7) La suerte de tener suerte

Resulta que todos buscan la suerte:

- *la suerte de haber nacido;*
- *la suerte de ser amado;*
- *la de tener fortuna;*
- *la de tener a nuestros padres;*
- *la de tener muchos hijos;*
- *la de ganar lo deseado;*
- *y hasta de perder el tiempo si amigos vamos ganando.*

¿Y la Mala Suerte?

¡Qué combinación de palabras para no tener sentido!

MALA - SUERTE

SUERTE – MALA

¿Existe algo más disparatado?

¡Qué combinación de palabras para no tener sentido!

En fin, todos buscan la suerte…

¿Será que la han perdido?

¡Es el colmo de los colmos!

Tener suerte y haberla perdido…

Es como estar y no estar;

es como perder el tiempo

(nada menos que el divino tiempo)

jugando a los escondidos…

Es como llorar de la risa.

Es como vivir, lo no vivido.

Es como escribir este poema (¿poema?)

con la tinta del olvido…

Frank Calle (16 / ene / 2019)

----

(8) *Kamasutra* I

No me importa que hoy te hayas ido
con tu amante,
si mañana regresas a mi nido.

No me importa lo que diga la gente,
lo que piensen mis amigos.
No es necesario que llores,
o que implores,
o que te arrepientas,
o que te perfumes,
que te desnudes...
Lo que importa es que regreses al nido.

Pero no te equivoques.
No pienses que tú me haces falta.
Simplemente puedes venir e irte cuando quieras.
Puedes incluso llevarte cualquier cosa.
Yo me olvidaré de lo que hoy has hecho,
es imperdonable, nunca pensé que llegarías a tanto,
pero no me importa,
después puedes venir hasta con tu marido,
pero, por favor,
¡ladrona!
¡devuélveme el libro, que no es mío!

Frank Calle (10 / mayo / 2018)

----

(9)

Me pongo audífonos para escucharme por dentro.

Siento una estática imperceptible,

acaso un mensaje que llega de mi cerebro.

Esto es fascinante...

Me pongo audífonos más grandes,

para escuchar las voces que llegan del universo...

Los conecto a una antena

que he fijado en la azotea

del hospital de dementes,

donde "trabajo" desde hace tiempo.

Simplemente escucho, escucho,

la voz del silencio,

y pienso...

Ahora entiendo por qué los médicos

utilizan audífonos especiales,

con un detector que nos ponen

en distintas partes del cuerpo.

Son para escuchar los mensajes divinos

que reciben los enfermos...

Frank Calle (20/junio/2019)

----

(10)

Cangrejos humanos

Caminando por la playa,
retrocede cuando avanza,
un extraño cascarón.
Tiene patas cavadoras
y si el peligro amenaza,
desaparece del sol.

En la naturaleza humana,
algunas copian su rol,
y se sienten muy a gusto
caminando a la deriva,
escapando sin honor.

No sé caminar de espaldas,
porque cangrejo no soy,
Algunos lo hacen de gratis,
y otros ni siquiera saben
si son cangrejos o no.

Da la vida alternativas
de ser o no ser, con honor.
Ser cangrejo no es indigno;
ser indigno es peor.

Frank Calle (13/septiembre/2019)

----

(11)

El panadero y el poeta

Se quejan del panadero
los clientes que han comprado
y el panadero responde
que su pan es de primera
y él lo vende "regalado".
Llega el poeta y escucha
que el pan es "regalado";
pide el suyo y se marcha
sin pagar lo que ha comprado.
El panadero reclama
y el poeta simplemente
paga el pan con un poema
que el panadero bien lee
y se da por bien pagado.
Al día siguiente el poeta
por su pan llega temprano,
y el panadero le entrega,
envuelto en aquel poema,
el pan que ha fabricado,
diciéndole al señorito
que con tales poemitas
el pan le queda muy malo.
El poeta no se inmuta,
ni se da por afectado.
Mira fijo al panadero
y le dice muy pausado:
"con esos panes que vendes,
a precio de "regalado",

no hay poeta en este mundo

que no escriba jorobado...

Frank Calle (12-abril-2019)

----

(12) *Negocio redondo*

Simplicio, que es comerciante,

mal las cuentas va sacando,

y su amigo, el maestro,

siempre lo está aconsejando:

"No te preocupes tú tanto

de lo que pasa en el mundo,

que tú no caminas tanto

ni sabes montar en burro.

Ocúpate de las cuentas,

porque te están engañando

si no aprendes Aritmética

te van a seguir timando".

Así lo hizo Simplicio,

pasó días estudiando,

saca que saca las cuentas

y se sigue equivocando.

Los días siguen pasando

y su cabeza no aprende,

y el maestro ya no sabe

si lo enseña o si lo muerde.

Simplicio, ya convencido,

de que no puede sumar,

se olvida ya del asunto

de que lo quieran timar.

Sale temprano al mercado

de electrónica barata,

para comprar aunque sea

un saca cuentas usado.

Más todo cambia de pronto,

porque al llegar al lugar

enamora a la dueña,

se casan sin más ni más,

y desde ese mismo instante

ya no tiene que sumar.

Frank Calle (24/marzo/2019)

----

(13) ***Trascendencia***

Cada quien trasciende a su manera,

la que le toca en mala suerte, por destino...

Lo primero fue el descubrimiento del fuego,

aunque su inventor primero y único,

sigue siendo desconocido.

Y entonces,

el fuego nos dio calor,

y el calor "descubrió" el cocido;

que los hombres transformaron

en la hoguera,

terrible arma que sirvió para mandar al cielo

a las almas perdidas,

y a los enemigos transformados en ofrendas,

por haber vencido.

Pero el tiempo se ocupó de cambiar la historia,

cuando el cadáver calcinado de aquel enemigo,

terminó en una desconocida fosa,

que descubierta después de muchos siglos,

devino en hallazgo prehistórico,

que hoy yace en un lugar prominente

del Museo Arqueológico,

donde el yacente es muy bien atendido:

por los hombres de ciencia;

por la prensa de todo tipo;

y por el público,

que incluye especialmente a los niños.

Señores...¡Quien iba a imaginar tanta trascendencia!

Por eso, cada quien trasciende a su manera,

la que le toca en buena suerte, por destino...

Frank Calle (16/enero/1970 – julio-2019)

----

(14)

Ni el gorrión ni la lechuza

No siempre ríe la risa

con la misma entonación

ni siempre canta un gorrión

que casi nunca lo hace.

Lo importante es lo que nace

y lo dicta el corazón

no importa si es un gorrión

la lechuza nocturna.

Pero tengamos presente

que para cantar en tono

hay que estar bien entonado

y sentir la melodía.

Primero canta mi tía

que los dientes ya le faltan

que un gorrión que nunca canta

o la lechuza de día.

Frank Calle (30/junio/2019)

----

(15) *Cosas de la vida en familia*

Hay cosas de la vida que son una fortuna.

¿Sacarse la lotería?

¿Encontrar un tesoro inesperado?

¿Recibir la herencia de un tío rico?

Terminamos soñando sin tener ninguna...

No es cuestión de tener suerte.

No estamos hablando de tesoros encontrados.

Ni siquiera importa que se muera un tío rico...

(¿Lo habrán premeditado?)

En fin, no estamos hablando de fortunas materiales.

Simplemente hay cosas de la vida

que son una fortuna,

pero una fortuna doble

hasta triple... ¡Vaya fortuna!

Si no estás preparado, no tendrás ninguna...

¿Para qué ambicionar tanto?

Basta con saber que la vida tiene cosas

que son una fortuna.

Es simple matemática.

¿Qué tienen las jimaguas que no tiene ninguna?

Que si te casas con una de ellas,

(claro, con el amor de tu vida...)

¡siempre tendrás dos por el precio de una!

Frank Calle (4/abril/2019)

----

(16) ***Pijirigua sigue esperando***

(Pequeño homenaje a Pedro Luís Ferrer)

El beso, misterio humano,

que bien estudiado está,

llena libros de teoría,

que doctorados defienden,

mientras la práctica sirve

para aclarar las dudas,

que la Academia no entiende.

La teoría es importante

porque establece principios,

y abre caminos que explican

por qué sí o por qué no

la naturaleza a veces

pone el sexo equivocado;

por qué sí o por qué no

existe la poligamia,
estudiada por Murdoch
aunque los que la practican
de eso no saben nada.

Y así las cosas,
conferencias y postgrados
siguen haciendo la Ciencia,
sin aclarar el misterio
de por qué un simple beso
puede decidir destinos
de dos que no se han besado.

Olvidemos la Academia,
que tiene mucho trabajo.
El mundo sigue su curso,
la vida sigue su ritmo,
la gente sigue naciendo
porque se siguen besando.

A fin de cuentas se dice
que el beso en los humanos
misterio exclusivo no es.
La vaquita Pijirigua,
que Pedro Luís ha cuidado,
sigue muy triste en su rancho,
aunque de cuando en cuando
la sigan inseminando;
no se conforma con eso,

quiere seguir a la antigua,

y al toro sigue esperando…

Frank Calle (18/agosto/2019)

----

(17) *Mensaje al futuro*

Quiero cantar al futuro
desde el pasado presente,
quiero cantarle a la gente
de los tiempos que no han sido.
Si para entonces he sido
un poeta olvidado,
nadie comprará el libro,
donde aparezca este texto.
Pero si Ud. ahora lee
este poema inconexo,
de seguro es porque el texto
algún premio recibió.
Y ahora que ya estoy premiado,
y famoso ya voy siendo,
escríbame al cementerio,
que es donde yo estoy viviendo.

Frank Calle (24/Mayo/2019)

(18)

Te quiero, te quiero mucho,
te quiero para después,
porque si ahora te quiero,
no tengo con que querer.

Te quiero, mucho te quiero,
aunque no lo quieras ver.
Te quiero tanto que a veces
ya no te puedo querer.

Entonces piensas que todo
es mentira de una vez;
que tengo amores ocultos,
que no me dejan querer.

!Eso es falso! !Es imposible!
¿A quién puedo yo querer?
Si siempre estoy a tu lado
aunque no pueda querer.

Veinticuatro horas del día
me tienes en tu poder.
Me llevas cadena al cuello,
y no me puedo mover:

Por la mañana; en la tarde;
y en la noche, tal vez...
¡Ah...! Y en la madrugada a veces,
si es que algo puedo hacer...

Y así, día tras día, noche tras noche,

sin dejarme descansar,

aunque yo cierre los ojos

desnuda vuelves a estar.

No existen días festivos,

ni vacaciones,

ni Ramadan,

ni manera de escapar...

Y cuando el libro se acaba,

y ya se acerca el final,

para asombro de los dioses,

!lo volvemos a empezar!

Frank calle (22/ nov/ 2019)

----

(19) *La suerte de tener suerte* II

Quiso la suerte,

que la buena suerte tantas veces me tocara,

aunque nunca salí a buscarla,

ni siquiera salí a perderla,

porque nunca me jugué el destino

aunque todas las probabilidades dijeran

que ganaba.

No es necesario ganar para tener suerte;

solo tiene verdadera suerte

el que nunca pierde

aunque nunca gana.

Ganar no es un destino de éxito,

que llega o se acaba.

Ganar es una filosofía de vida;

es una línea de acción y pensamiento,

que siempre nos acompaña,

en la que nunca se pierde,

porque como la moneda del dólar de la suerte,

tiene una sola cara...

Frank Calle (16/ nov./ 2019)

----

(20) *Miedos*

Miedo...

¿Miedo a vivir sin vivir?

¿Miedo a morir adelantado?

¿Miedo a equivocar el camino?

Sí, y hasta miedo a morir ahogado.

Qué más da...

Miedo a hacer el ridículo más ridículo

Miedo a perder el juicio con el tribunal equivocado.

Miedo a perder el juicio... ¡pero por estar enamorado!

Miedo a perder la fortuna

Miedo a ganar demasiado

Miedo a perder después de haber ganado.

En fin, es tan grande la lista de los miedos

es tan terrible morir sin confesar un pecado,

que hasta la muerte tiene miedo de morir

¡sin saber quién la ha matado!

Frank Calle (13/ ene/ 2020)

(21) *Sin pensar en lo imposible*

Un día en la madrugada
salí a caminar el mundo
y al despertar me encontraba
con Dios en el otro mundo.

Me quedé muerto del susto,
si es que muerto ya no estaba.
Delante de mí corría
mi carabela asustada.

Pensando mejor las cosas
me detuve de repente;
y al mirar a mis espaldas
venía corriendo la muerte.

Sin pensar en lo impensable
de un salto al cielo escapé,
pero con tan mala suerte
que al cielo nunca llegué.

Iba directo al infierno
pero el diablo se indignó.
Allí no admiten poetas,
desde Dante se prohibió.

Son personas conflictivas
que metafóricamente
se mueren todos los días
y siempre mueren de amor.

Esta es la historia incompleta

de un sueño que despertó

porque una carabela

al cielo nunca llegó.

Frank Calle (19/ junio/ 2020)

---

(22) *Voces*

¿Son voces lo que escucho cada día?

Quizás sea mi Ada Madrina, tocando mi corazón;

sea el Ángel de la Guarda, que nunca me deja solo;

o el amigo Pepe Grillo, que me evita los problemas;

en fin, quizás simplemente mi otro Yo...

¿Y cuando escribo un poema, quién habla en mi interior?

También oigo voces en el cerebro:

Palabras sueltas; rimas sin sentido;

poemas de un tirón...

Seguramente se trata de eso que llaman

"inspiración".

Otros, en cambio,

Que viven en oración

fervorosos creyentes increíbles,

dicen que les habla Dios...

¡Suerte que tienen algunos!

No les envidio su suerte,

divina suerte es sentirse

acompañado de Dios.

Les pido, en cambio,

que le digan de mi parte

que si no viene enseguida

¡el Mundo ya se acabó!

Frank Calle (18/ dic/ 2019)

----

(23) ***Declaración amorosa*** *(Sui géneris)*

(Pequeño divertimento)

Hoy vengo a ponerle rima,
a un poema diferente,
para que Ud. -mi vecina-
en octavas se lo aprenda:
Su gato, que no se baña,
a mi gata ya pretende.

Por eso le digo ahora,
que es oportuno el momento,
que mi gata es señorita
y yo experiencia no tengo...
¿Me acepta Ud. por esposo
y también voy aprendiendo?

Y en eso ya la gatica
al gato estaba maullando
(¿Joyce estaría mirando?)
y en mi casa la vecina
-que marido no tenía-
está preparando el baño...

Frank Calle (23 /abril)

- *En qué piensas...*

Pienso que estamos perdiendo el tiempo,
que no es ni tuyo ni mío.
El tiempo no tiene tiempo,
no tiene dueño,
ni cabe en un simple libro.

- *Y a fin de cuentas... ¿Qué es el tiempo?*

Según Einstein, es relativo...

- *Quisiera entender a Einstein...*

Es como ser o no ser;
estar o no estar;
tener o no tener...
Pero no es difícil de comprender:
Cierra los ojos...
Imagínate que viajas en un cohete,
un viaje magnífico...
Cuando regreses, casi sin haberte ido,
yo quisiera estar esperándote,
te habría extrañado mucho,
si es que aún estoy vivo...
Pero para entonces,
seré la sombra de mí mismo,
y tú serás bella, tan bella como hoy,
no habrás envejecido...

- *¡Vaya! Ni a Oscar Wilde se le hubiese ocurrido...*

Ya ves, ni el tiempo es absoluto.

Vivimos en un mundo donde nada es seguro.
Un mundo sin tonos grises:
Todo o nada...
ni siquiera Prouse lo habría concebido...
Mejor regresemos a nuestro nido.
Olvidemos por un instante a Einstein...
Sigamos perdiendo el tiempo,
que no es ni tuyo ni mío.
Acércate más... Quédate conmigo...

Frank Calle (26/ abril/ 2021)
----

(25) *Lanzamiento* (sin paracaídas)

Ha llegado el momento
de pararme en el trampolín de la vida...
Me lanzo de espaldas,
sin paracaídas,
con la valentía del piloto de combate;
con la convicción del suicida...

Me lanzo de espaldas,
con la pasión del simple paracaidista;
con el virtuosismo del clavadista,
con el amor que la Santidad de un Dios nos inspira.
Me lanzo de espalda sin paracaídas,
con la seguridad del ciego,
que al borde del precipicio camina,
sin equivocar un solo paso,
en ello le va la vida...

Me lanzo de espaldas, sí,

pero aferrado a tu cuerpo que nos salva,

juntos, en caída libre,

una caída eterna,

durante años y años,

hasta el final de los días...

Frank Calle (3/ mayo/ 2021)

...fin...

ANEXO

EL HUMOR EN LA POESIA.

Un comentario para los amantes de la poesía, con humor.

Sin pretender hacer un ensayo sobre el tema, vale complementar la obra con un recuerto que resuma los aspectos básicos relacionados con la ya larga presencia del humor en el contexto de la historia de la cultura humana.

Situándonos en el argot popular, el humor también se refiere al **genio o estado anímico** de una persona como, por ejemplo, "tener buen humor" o "estar de mal humor'.

Según comentan varios autores, y dicho en el lenguaje de la Wikipedia, la palabra humor proviene del latín *humor* que indica "líquidos". Este significado de humor deriva de la teoría de los antiguos griegos sobre la existencia de 4 "humores" que mantenían el equilibrio básico de todo ser humano (: la bilis, la flema, la sangre y la bilis negra*)* para tener buena salud propiciando entonces que la persona gozara de "*buen humor.*"

De esta forma, la expresión **sentido del humor** se refiere a la buena disposición de una persona a participar en las bromas y risas, en un contexto social o familiar determinado. Alguien con un buen sentido de humor es, por lo general, una persona alegre bromista y sociable; en tanto lo contrario es una persona que no tiene sentido de humor.

Visto desde la ciencia, connotados científicos han estudiado con profundidad la influencia de la risa en los individuos. Muy especialmente es un tema de estudio de sicólogos y sociólogos, teniendo como objetivo esencial estudiar su incidencia en el comportamiento humano, sin olvidar su propia fisiología y la sinergia resultado de su comportamiento psicosocial.

Adentrándonos en la literatura, el humor es un recurso presente en todos los géneros literarios, con el resultado de que el humor provoca complicidad con el lector, y hace más amena la lectura.

Existen también variaciones culturales que hacen de lo divertido en un sitio algo que no agrada en otro. Esto se debe a que en el humor, cuenta mucho el contexto, porque en el humor el resultado depende de factores culturales.

Por ejemplo, el denominado humor negro, se apoya en elementos desagradables, para hacerlos más soportables, y eso trasciende al contexto social.
Muy vinculado con el llamado humor verbal están la ironía, el sarcasmo, la silepsis, el juego de palabras, la sátira, la parodia o la paradoja, cada una como formas de expresión de un humor modelado hacia un objetivo.
Los distintos modos de comunicación del humor pueden clasificarse en tres grandes grupos: humorístico, satírico e irónico.
El **humor humorístico** tiene como fin desconcertar.; un humorismo que critica lo que cree ser definitivo... Se atreve a contravenir los valores o costumbres del grupo, y supone una actitud abierta e innovadora. Pudiendo llegar a niveles de realización que pueden llegar a ser considerados subversivos.
El **humor satírico** expresa indignación hacia alguien o algo, con propósito moralizador, lúdico o meramente burlesco: un «deber ser». Los abusos o las deficiencias se ponen de manifiesto por medio de la ridiculización, la farsa, la ironía y otros métodos ideados todos ellos para lograr una mejora de la sociedad. Aunque en principio la sátira está pensada para la diversión, su propósito principal no es el humor en sí mismo, sino un ataque a una realidad que desaprueba el autor, usando para este cometido el arma de la inteligencia. Se separa en su intolerancia del humor humorístico, que implica una actitud comprensiva y benévola hacia las limitaciones humanas. (Wikipedia 2021).
Por lo general, la sátira está fuertemente impregnada de ironía y sarcasmo; y para ello utiliza formas como la parodia, la burla, la exageración, las comparaciones, la analogía, que son usadas de manera frecuente en el discurso y la gráfica satírica.
Otras variantes del humor son:
El **humor irónico,** donde el sujeto es consciente del absurdo del mundo, pero no es moralizante porque tiene perdida la fe y carece de proyectos. Cuando la ironía tiene una intención muy agresiva, se denomina **sarcasmo**.
El **humor absurdo**, conocido como humor superrealista. Es un tipo de humor que utiliza situaciones disparatadas para generar la risa en el público, y su comicidad se basa en la irracionalidad. Es un humor totalmente alejado de la realidad pero al mismo tiempo nos sumerge en lo esencial de ella.
El **humor blanco**, es un tipo de humor que no contiene objetivos hirientes, como los anteriores.. Es un humor suave, humor familiar, puesto que pueden disfrutarlo toda la familia, niños y adolescentes y se basa en los siguientes elementos:

- el factor sorpresa,
- la calidad (o gracia) del intérprete (continente), y
- la calidad de lo expuesto (contenido)

Un tipo de humor blanco es el chiste de salón, llamado así porque este tipo de humor puede desplegarse en una fiesta o reunión sin riesgo de ofender ni escandalizar a ningún concurrente, en particular a los menores de edad y minorías de cualquier tipo.

El **Humor gráfico** designa a una gama diversa de obras gráficas realizadas para la prensa, desde chistes, viñetas, caricaturas. hasta verdaderas historietas, tiras cómicas e incluso planchas enteras. Muchas abundan en la sátira de la actualidad política y social.

Sentido del humor y salud

Está comprobado que los estados de ánimo influyen de manera muy positiva en la salud de las personas, aun en las personas que se encuentran en estados terminales.

Varios autores consultados coinciden en afirmar que cuando nos reímos, pareciera ser que todos los problemas y preocupaciones quedan detrás. Este pensamiento ha llevado a los científicos a estudiar los efectos de esta reacción en el organismo humano, teniendo siempre como premisa que algo tan placentero podría acarrear beneficios a nivel corporal. Se ha comprobado que los pensamientos agradables provocan un mejor ánimo y, en consecuencia, aumentan nuestras defensas.

Esto ha llevado a los autores del estudio a asegurar que esa relación prueba que la felicidad puede hacernos más saludables. En ése sentido, los especialistas creen que la felicidad vendría a ser como las golosinas para el cerebro, algo que hace que nuestra mente se sienta consentida.

Según se refleja en la literatura, la risa provoca una importante liberación de hormonas, las endorfinas, conocidas merecidamente como las hormonas de la felicidad. Además, se libera serotonina, dopamina y adrenalina. La explosion de carcajadas provoca algo muy parecido al éxtasis: aporta vitalidad, energía e incrementa la actividad cerebral. Cuando nos invade la risa, muchos músculos de nuestro cuerpo que permanecían inactivos se ponen en funcionamiento. Es un estímulo eficaz contra el estrés, la depresión y, evidentemente, la tristeza.

¿Por qué reímos? – Una pregunta que la ciencia no ha descifrado todavía

En teoría, reírse es un gesto innato que hace que nuestro cerebro libere dopamina, se reduzca nuestro nivel de estrés y nos sintamos mucho mejor. A lo largo de la historia, la risa ha sido objeto de estudio de científicos e investigadores. Pero al parecer, la pregunta solo tendrá ciencia establecida cuando se avance más en el estudio del cerebro y su incidencia en la naturaleza humana.

Pero la pregunta que realmente muchos se hacen es: **¿Cómo y por qué nos reímos?**

En un artículo de promoción científica publicado en mayo del 2019, en la Web *nobbot* (https://www.nobbot.com/off-topic/como-y-por-que-nos-reimos/) por la periodista Tania Alonso Castallana, se ofrecen referencias interesantes como respuesta a esa pregunta.

Explica la especialista que reírse es un gesto innato que hace que nuestro cerebro **libere dopamina**, se reduzca nuestro nivel de estrés y nos sintamos mucho mejor.

Comenta además que Según la Sociedad Española de Neurología, nos reímos cuando *percibimos una incongruencia* y no aquello que nuestro cerebro esperaba de forma racional. Al reírnos pasamos por varias etapas: la percepción, la liberación de dopamina y el cese de desinhibición frontal.

Según el experto de esa institución el doctor Manuel Arias Gómez, coordinador del Grupo de Estudio de Humanidades e Historia, *"Cuando en lugar de la racionalidad cognitiva que nuestro cerebro espera percibir, lo realmente percibido es una incongruencia, se origina una controversia que, al ser detectada por el cerebro, este se auto recompensa. Y lo hace liberando dopamina, un neurotransmisor que nos produce sensación placentera"*.. *"Es decir, el humor está íntimamente ligado al sistema de la recompensa que también se activa con la comida, el sexo, las relaciones sociales y en las adicciones"*

Como resultado, la risa resulta muy beneficiosa para nuestra salud (al menos, la risa verdadera). Físicamente **estimula el sistema inmune**, acelera el ritmo cardiaco y aumenta el aporte de oxígeno al cerebro. Puede, incluso, incrementar el umbral de dolor. Uno de los motivos por los que la risoterapia y otras actividades lúdicas tienen cada vez más cabida en hospitales y tratamientos médicos.

Desde la Sociedad Española de Neurología señalan, también, que las personas risueñas tienen hasta un 40% menos de problemas vasculares y viven de media cuatro años y medio más. Lo que da cierto respaldo científico al dicho popular de que "reír alarga la vida". Desde el punto de vista mental reduce el estrés y eleva el estado de ánimo. En resumidas cuentas, nos hace sentir mejor

Pero hacen paralelamente una aclaración importante: **la risa es universal, el humor no.**

Humor y risa no son lo mismo; un chiste' no implica reírse. Aclaran estos expertos que "*la risa es un lenguaje universal. Todas las culturas la identifican con sentimientos de felicidad y alegría. Se da, a veces, como complemento emocional a los mensajes verbales. Lo mismo sucede con la sonrisa, que usamos a menudo para empatizar con las personas con las que estamos hablando"*.

Sin embargo, no a todos nos hace reír lo mismo. Esto es debido a que el sentido del humor está ligado al desarrollo cognitivo y, por lo tanto, cambia dependiendo del contexto (la cultura, la época y la situación) y de la persona (su edad, sus condiciones físicas y emocionales y, por supuesto, su personalidad).

Por otra parte, "*humor y risa no son lo mismo. Humor es el nombre que le hemos puesto a una forma de juego menos física y más lingüística y cognitiva*", puntualiza. Aunque generalmente una cosa desemboca en la otra. Nuestro cerebro puede reírse sin que nuestro cuerpo lo exprese.

La risa no es exclusiva del ser humano

La parte curiosa del asunto es que parece obvio pensar que solo las personas pueden reírse, sociando el hecho al comportamiento humano, como resultado de procesos cognitivos socioculturales, pero resulta que no es así.

Comenta la periodista Tania Alonso, que numerosos estudios han señalado que algunos animales, como **los simios o las ratas**, también se ríen. Y al hacerlo, su cuerpo funciona de una forma muy similar a la nuestra.

Uno de los principales estímulos que hace reír a estos animales son las cosquillas. En el año 2009, la psicóloga Marina Davila Ross, de la University of Portsmouth (Reino Unido), llevó a cabo un experimento con crías y ejemplares jóvenes de orangutanes, gorilas, chimpancés y bonobos. Todos ellos reaccionaron con risas a **las cosquillas**. "*Los resultados proporcionan una fuerte evidencia de que la risa inducida por el cosquilleo es homóloga en los grandes simios y los humanos*", señalan en el estudio, publicado en la revista 'Current Biology'. (https://www.cell.com/current-biology/fulltext/S0960-9822(09)01129-4)

No tiene "gracia" reírse solo…

Está comprobado que en compañía reímos 30 veces más que en soledad y esto se debe a que la risa es contagiosa y surge más fácilmente cuando ocurre en grupo.
Es posible que esto sea así desde hace más de 600.000 años. Los paleontólogos sospechan que los neandertales, con un lenguaje gestual y gutural tan desarrollado como nosotros, ya reían.
Reír es una forma rápida y efectiva de comunicar que todo va bien y que no hay peligro. Estudios recientes demuestran que la risa tiene también una función comunicativa en otros primates
Otro estudio más reciente de la misma investigadora, publicado en Plos One, ofrece evidencias de que estos animales usan **la sonrisa** de modo similar a los humanos. (https://journals.plos.org/plosone/article?id=10.1371/journal.pone.0127337)
Los datos muestran que los chimpancés forman las mismas expresiones cuando emiten sonidos de risa y cuando no. Es decir, hacen el mismo gesto al reírse que simplemente al sonreír. Esto revela importantes puntos en común con los humanos, y una forma de expresión completa y versátil.
En resumen, estamos ante un tema fascinante sobre el cual solo podemos traer a estas páginas un boceto ilustrativo, de manera que los lectores que acompañen su interés por la poesía, a las conductas asociadas que inciden en el comportamiento humano, puedan informarse medianamente y sonreír con picardía si en su próxima visita al zoológico local, una hermosa gorila le guiña un ojo…

FIN

REFERENCIAS

1. **Acosta Ruiz, L.F. (2021).** La cosa más cierta. 50 años de poesía inédita. JustFiction! Edition. ISBN: 978-620-3-57671-9. Dodo Books Indian Ocean Ltd.,member of the OmniScriptum S.R.L. Publishing Group.
2. **Alonso Castallana, T. (2019).** *¿Cómo y por qué nos reímos?* Nobbot. Tecnología para las personas. https://www.nobbot.com/off-topic/como-y-por-que-nos-reimos/.
3. **Jenkis Parra, A. (2013)**. *A fin de cuentas, la poesía es un chiste: La utilización del humor en textos poéticos chilenos contemporáneos (o una poética del humor chilensis).* Informe final de Seminario para optar al grado de Licenciado en Lengua y Literatura Hispánica con Mención en Literatura. Facultad de Filosofía y Humanidades. Departamento de Literatura. Universidad de Chile.
4. **Valenzuela, A. (2012).** *El porqué de la ciencia. ¿Por qué nos reímos?.* Corporación de radio y televisión española. https://www.rtve.es/noticias/20120315/reimos/507338.shtml

Printed by Books on Demand GmbH, Norderstedt / Germany